Theresia

MUSEO SALVAJE

Colección de poesía

───────────────────

Poetry Collection

WILD MUSEUM

Odeth Osorio Orduña

THERESIA

Nueva York Poetry Press LLC
128 Madison Avenue, Oficina 2RN
New York, NY 10016, USA
Teléfono: +1(929)354-7778
nuevayork.poetrypress@gmail.com
www.nuevayorkpoetrypress.com

Theresia
© **2022 Odeth Osorio Orduña**

ISBN-13: 978-1-958001-46-2

© Colección *Museo Salvaje* vol. 46
(Homenaje a Olga Orozco)

© Dirección:
Marisa Russo

© Edición:
Francisco Trejo

© Texto de contraportada:
Claudia Gil de la Piedra

© Diseño de portada:
William Velásquez Vásquez

© Diseño de interiores:
Moctezuma Rodríguez

© Fotografía de portada:
Adobe Stock License

Osorio Orduña, Odeth
Theresia, Odeth Osorio Orduña. 1ª ed. New York: Nueva York Poetry Press, 2022, 122 pp. 5.25" x 8".

1. Poesía mexicana   2. Poesía latinoamericana

Todos los derechos reservados. Esta publicación no puede ser reproducida, ni en todo ni en parte, ni registrada en o transmitida por, un sistema de recuperación de información, en electroóptico, por fotocopia, o cualquier otro, sin el permiso previo por escrito de la editorial, excepto en casos de citación breve en reseñas críticas y otros usos no comerciales permitidos por la ley de derechos de autor. Para solicitar permiso, contacte a la editora por correo electrónico: nuevayork.poetrypress@gmail.com.

> Quia multum amavit
>
> LUCAS, 7

> Yo no voy a morir de enfermedad ni de vejez, de angustia o de cansancio. Voy a morir de amor, voy a entregarme
> al más hondo regazo.
> Yo no tendré vergüenza de estas manos vacías
> ni de esta celda hermética. En los labios del viento he de llamarme
> árbol de muchos pájaros
>
> ROSARIO CASTELLANOS

> Porque tu cuerpo es la raíz, el lazo
> esencial de los troncos discordantes
> del placer y el dolor, plantas gigantes
>
> DELMIRA AGUSTINI

> Ningún cielo extranjero me protegía,
> ningún ala extraña escudaba mi rostro,
> me erigí como testigo de un destino común,
> superviviente de ese tiempo, de ese lugar.
>
> ANA AJMÁTOVA

Vidas que se esconden en la geografía del nombre

Cuatro veces tuvo quince años. Cuatro veces la forma de presagio y cuatro veces muda hasta que renació en el lugar donde todo se acaba, en el estatismo, la memoria perpetua de su relato oculto en un gen desconocido, prescindible. Al final, la forma recordada, receptora de nombres y adjetivos, desgarrada en la mirada. Cuatro veces tuvo cuerpo, cuerpo con caderas, vagina, senos, cabello, pelo, manos, brazos, piernas, cabeza, ojos, nariz, labios, boca, dientes, saliva, sangre, piel, células, átomos. Formas viejas que se repiten en un gesto. La vieja forma del cuerpo que se carga por generaciones, una tras otra, tras otra, tras otra.

Aquí se reconstruye una forma. La historia de su genealogía. Recuerdos inmóviles. Perennes. Recuperación de fragmentos que desconocen todavía el nacimiento de los mitos que le dieron forma de mujer. Testimonio en papel de algo que se resiste a ser silenciado y reclama el rostro de las que vivieron aquí y están aquí todavía negándose a quedar quietas. Este es el rastro de una genealogía que se mueve como el tiempo, hacia los límites más tenebrosos del desarraigo de la mano de Dios: su espacio. Una genealogía que confiere destinos y a veces olvida nombres, pero que resuena porque es voz. Eco. Lengua. Esta es la historia de Theresia según Theresia.

Y me deshago para dar a entender, esta, mi razón de estar y no sé cómo.

Poema de Kavafis transcrito y encontrado dentro de un libro de oraciones:

Como cuerpos hermosos de muertos sin vejez encerrados, con lágrimas, en bellos mausoleos, rosas a la cabeza, jazmines a sus pies así parece ser que se pasaron los deseos, sin ser cumplidos nunca, sin apenas merecer una noche de goce, ni su claro amanecer.

MUJER CON CHALINA

Esto es lo que sé mi estar es lo que hace a las hilachas,
lo deshecho los hilos sueltos que vuelan con mi andar
porque la sutura apenas sostiene la tela, mi carne.
Por fuera el tejido sana por dentro crecen nuevas raíces
entre la tierra mojada, aunque haya hojas secas:
Esto soy, como el árbol de agua, un ahuehuete de hojas
    caídas
y de raíces gruesas tan espesas como la sangre
que traigo dentro y que a veces no me deja andar.
Esto soy, una vida que respira del viento
el polvo que levanta de generaciones viejas
igual que las piedras musgosas junto a mí.
Esto soy, el olvido, la tumba de mariposas y otros insectos
el reposo de memorias exhaustas y el olor podrido de la
    hierba
todo esto y nada: movimiento, meseta de siglos y silencio
    sepulcral.
Esto soy, el recuerdo perdido arrasado por el lodo de la angustia
la permanencia también, la enterrada
la de cabello negro y labios gruesos,
la que regresa a casa con los brazos cansados
porque los levantaba al cielo preguntando hasta cuándo.
Esto soy, la que guarda el sueño de los perdidos,
la que alimenta y la que cuida enfermos,
la herencia de mi abuela, la de rosarios interminables
e hija de mi madre de la que sentí separarme.
Esto es lo que sé, mi estar es lo que hace a las hilachas.

ESCENA EN LA COCINA
MADRE E HIJA

Nunca escuché el molino romper el maíz, por eso no
	recuerdo a mamá.
Si una vez hubiera sido... me traería el sabor de su comida,
el olor de la tierra que pisaba cuando andaba el mundo en
	minifalda y botas largas
o de cuando cumplí 3 años y compró una falda gitana,
un par de sandalias y unas argollas del tamaño de mi cara.
Si una vez hubiera sido... habría guardado mejor la foto de
	la abuela
en la que usaba mantilla y llevaba el rosario en la mano, a
	10 pesos fue de la cartera de papá
cuando eran verdes todavía.
Si una vez hubiera sido... sabría de sus alegrías y de los
	rencores guardados en sus manos
que se negaron a escribir historias o leyendas de su vida,
	dejó escapar relatos de amor
entre los pasos que daba por los cuartos de la casa.
Si una vez hubiera sido... habría evitado la tala del pirul
	sembrado en el centro del patio,
estaba ahí para llevarse las palabras entre sus ramas. Evitar
	que te enterraran con la lengua atorada,
¿verdad? Brava decisión entregar tus palabras al pirul
y no al molino; guardó silencio hasta el último hachazo,
no había más que agua adentro,
	tu llanto, quizás, y el mío de cuando nos despedimos.

Plegaria en la parroquia de Santiago Apóstol

Dos historias familiares: de la piel y de la ropa. Parentescos del color: violeta. Vestidos de rezar: ropa para rezar. Colores para pedir: amor, dinero, cuidados, salud, pero más perdón. Charbel: sirio y libanés. Rito maronita: arrodilladas, hija. Listones: para interceder por nuestra necesidad. Peticiones: costumbre de piedad. Que hable el corazón: *te pido por favor intercedas por mí.* Azul: para la fuerza, protección y voluntad. Dorado: para la iluminación y el amor. Rosa: para la divina adoración y reconciliación. Verde: para la provisión. Violeta: por la misericordia y el perdón. Amarillo: por la sabiduría. Morado: por la purificación. Blanco: la gracia

Dos historias familiares: de la piel y de la ropa. Parentescos del color: violeta. *Intercede por mí:* Misericordia para el olvido y perdón por la renuencia de la sangre. Arrodilladas, hija.

A LOH

Mujer tomando café

Yo no sé escribir los versos más tristes en una noche,
ni me puedo fiar de los enamorados. Mi fealdad me negó
    el amor,
me enterró entre los escombros de la emoción y del afecto.
Dicen los que aman de años atrás que del amor nací, para
    el amor nací
pero no les creo,
¿a qué luna debo entregar mis rituales para no verme tan
    sola?
¿dónde puedo ir a buscarte amor?
¿dime en qué lugar te escondes?
¿en las alcantarillas?
¿en el drenaje del fregadero o el café recién hecho de las
    mañanas?
¿estás entre las sábanas de la cama o en el cesto de la ropa
    sucia?
¿dónde estás amor?
¿dónde te fuiste que de ti no sé nada?
¿nací contigo?
¿nací de ti?
¿nací para ti?
pero nunca te he sentido
¿estás aquí entre la piel de mis brazos o la de mi pecho?
¿qué te falta atravesar para llegar a mí?
¿cuánto más para que llegues a sustituir el escozor del odio
    pegado a mis huesos?
¿o será que así se vive el amor, huérfana de ti, arrojada al
    olvido, otra forma de expresar tu ausencia?

En odio grito y con odio vivo, odio todo de ti y de este
    mundo porque nos atrapó,
nos empujó y luego nos desterró. Odio el exilio en el que
    caí
pero aquí se derraman mis entrañas olvidadas
y me pregunto, otra vez, dónde quedaste cuando la sangre
    expulsó la semilla del vientre
o cuando la mano ajena se estrelló contra mi cara;
¿a qué lugar corriste amor que apagaste la luz de mi casa?
Quedé sola en medio de la sala, limpié las sillas, la mesa,
la cocina entera mientras esperaba.
Pinté las paredes de nuevos colores, me quedé en casa
guardando el cariño para que el soplo del tiempo no se lo
    llevara,
lloré en cada cuarto, abrí las ventanas, regué las flores del
    jardín,
cambié la tierra negra de la sábila y volví a esperar por
    siglos esta vez.

Mi luz se fue hace mucho, pero me queda una mecha
bañada en alcohol y flamas moradas
que otros comen o apagan con la boca, flamas que siguen
    ardiendo
incluso después de tragarlas
¿así consume tu ausencia?
como fuego
aquí lo siento en la garganta y no en los labios
porque además de beso es remordimiento,
la pena de años y unos días de quedar despierta.
Quema, quema por dentro, me carboniza los huesos.
Es el amor que lo consume todo, dicen, pero no les creo.

Hierve como la lava en el fondo de la montaña,
me vuelve polvo de nada, de piedra caliza o tal vez piedra de cerro viejo.

Me gustaría saber si los árboles que se queman en la cima de las colinas
se olvidan del fuego cuando éste ya se extinguió,
¿cómo vuelven sus ramas a crecer?
¿cómo vuelve el verde a pintarse sobre los troncos ennegrecidos?
 porque yo no lo olvidé…
me quedaron las manos manchadas de lodo
por la furia sembrada en mi centro
sentí mis piernas perderse entre las ramas de otros árboles
que echaron raíces sobre mí, crecimos juntos de nuevo después del incendio,
no puede ser esto el amor
porque aún se me entumen las manos de frío,
aunque esté ardiendo por dentro.
¿Qué es entonces?
¿dónde te escondes?
¿en cuánta carne viva he de enredar mis raíces?
¿cuántos huesos has penetrado ya?
los míos están casi enteros y llevo cerca de un lustro aquí,
hay grietas como en todas las paredes de las montañas,
pero sigo aquí o es que ahí te escondes
amor
en el vendaval del tiempo, en mis grietas.

MUJER CON SOMBRERO

Quiero escribir fuera de mí,
de este territorio llamado yo
pero me falla la vista
y si no me veo no camino;
es una mala costumbre
que heredé de mi madre
sin darme cuenta

Quiero aprender a bordar
como lo hacía mi abuela,
con punto de cruz
pero sin cruces
para que cuando tenga que salir
ningún rosario se atore en mi ropa,
bordar tu nombre
aunque me sangren las venas
para que camines conmigo
y veas que sí pudimos

Quiero soñar
como cuando tenía ocho;
que el tiempo apenas me toque los pies
y que mi peso se escape
entre la luz y el recuerdo del día;
que solo quede la noche
pero no su memoria
para que mi cuerpo vuelva a ser feliz
sino es que libre

Oración por los enfermos
en la Capilla del Rosario

¿Es la melancolía un claro en la memoria del cuerpo
o será que mis manos no encuentran sosiego
al sentir las cuentas del rosario entre los dedos?
Son ellos los que recuerdan tus oraciones, María,
son ellos los que rezan por las penas de mamá
de cuando era joven y no sabía a dónde ir.
Son ellos los que buscan la señal,
una por lo menos,
que me arranque la herencia maldita de la mácula.
Ojalá mis manos pudieran conceder este deseo
pero las cuentas caen sin romperse del todo
y dejamos el rosario a medio terminar.

Tercer misterio doloroso,
¿lo recuerdas?
¿recuerdas que olvidamos cuántas Aves María
teníamos que cantar y volvimos a empezar?
¡No debimos!

Fueron ellos, nuestros dedos, los que tomaron el rosario
de nuevo
y entonces nos arrodillamos otra vez...
Ave Maria, gratia plena, Dominus Tecum
Benedicta Tu in mulieribus, et benedictus fructus ventris Tui, Iesus.
Te fuiste sin gracia *Sancta Maria, Mater Mea*
me pediste recuperarla para irte en paz
antes de olvidarla, como todo lo demás,

pero yo igual la perdí,
sólo me quedó el rosario de madera roja y estos dedos
que siguen rezando en silencio cada vez que tocan el
    mundo.
Sancta María, Mater Dei respondo al eco
y vuelvo a verte frente a la ventana buscando la luz
para reconocer la forma de las cosas,
luz con la que ver no para iluminar.
Sancta María, Mater Mea, repito,
y vuelvo a escucharte balbucear sin haber renacido todavía,
te miro, *Sancta María*, ir de aquí para allá sin reconocer,
sin mirarme.
¿Cuánto perdiste de ti, cuánto de mí se va contigo?
¿es la melancolía un claro en la memoria del cuerpo
o será la culpa que cargo en los huesos?

AUTORRETRATO

Cuando me miro al espejo
veo a mi madre en las arrugas de mi cuello,
la veo allí extraviada
entre el río de la carne morena
que me cubre los huesos y oculta el deseo
de entregarme a la vida
con los brazos abiertos y las piernas calientes;
veo también a mi padre en la nariz y en las cejas
que ocultan el desgano de años
al salir por la misma puerta cada día
y regresar cuando la luz se apaga,
veo su imagen como un retrato perdido
o una instantánea mal enfocada.

Cuando me miro al espejo
veo mi sangre corriendo como tinta negra
sobre el blanco del papel
dibujando cronologías, genealogías, parentescos,
la veo escribir mi nombre en la frente,
un nombre de voz extranjera
de caminos de Swan
nombre que fue un extrañamiento personal.

Tú que fuiste niña, niña de mi familia
¿no querías irte también? Buscar una nueva ciudad,
fundar una quizás a la frontera de aquí,
una ciudad con una sola casa para habitar
con helechos y suculentas.

No era mala idea
soñar ser la dueña del mundo,
de mi ciudad, pero eran ilusiones de la infancia
cuando pensaba que lo tenia todo a mis pies,
que no había obstáculos para mí
y mi cariño lo entregaba como
el sol llena la habitación de mi casa al despertar,
sin temor a ocuparlo todo
ni el reflejo de mis padres en el espejo
esperando corvos a que la arruga me saliera
o la angustia me comiera toda.

Cuando me miro al espejo
veo mi herencia hecha carne,
perdida entre las penurias del polvo
y las calles de ciudades gigantes
me veo despojada de la fealdad,
pero no de la tristeza
ni de los años que me han atravesado
las manos.

Semana Santa en Izúcar
Procesión del silencio

Yo vi morir a Cristo y morí también con él en el desierto.
Los clavos que me atravesaron las manos y los pies vinieron del cielo, a donde dicen que van los hombres buenos.
Como él, quise evitarlos en la última tentación, ver mi vida fuera de las voluntades ajenas y evitarme el dolor que queda cuando te arrancan el corazón.
Yo vi morir a Cristo y morí también con él en mis brazos, lo cubrí de lágrimas y lavé su sangre, sostuve el peso de su cuerpo y lo llamé hijo porque de mi carne salió
y porque su parto dolió como duele ahora envolverlo con
    mantas y piedras.
Yo vi morir a Cristo y al hijo de la carne, no del verbo. Al hijo de la sangre, mi sangre, porque la mía fue derramada,
    fui yo quién la entregó,
María, madre, la que llora ahora y moja la tierra del
    Gólgota,
madre a la que le queda la esperanza de ver a su hijo renacer
    como la flor.
Yo vi morir a Cristo y lo escuché clamar en vano a su
    padre,
lo vi irse entregando el alma a una zarza
mientras ardía mi boca como espinas con los restos de hiel
    en sus labios.

Semana Santa en Izúcar
Mujeres con mantilla

El Calvario es un cerro seco que sobresale entre las casitas de Izúcar
del Matamoros Santiago. Hasta la cima llegó José o una glosa de él,
cargaba la cruz y una estola roja. Llegó como lo hizo Moisés al Moriá,
sin aliento, con los brazos temblando y sin Sara.
Yo iba atrás pisando su sombra. La corona la llevaba yo,
pero no era dorada como el sol sino gris
como las piedras calientes que sienten mis pies con los pasos que doy.
Voy detrás y aquí me quedé llorando
porque así se me quiso más que cuando mi cuerpo amaba.
Me perdí después del entierro, volví a casa a quitarme de la cabeza el velo.
Volví a ser lo inesperado, el milagro.
Mujer de paso firme y de huella honda. Caminé sobre las playas una y otra vez
viendo los atardeceres rojos como mi sangre.

No tengo seguidores, no quiero tantos,
solo alguien que camine a mi lado,
que no me pida marchitarme
y que de vez en cuando me tome de la mano.

Procesión fúnebre
Mujer con mantilla

El peor enemigo del amor es el tiempo,
incluso el más fuerte sucumbe a su barniz abrasivo.
Con los años se aprende a amar. La abuela lo supo.
Practicó una forma de amor:
el de la cocina y los encajes,
el de los niños y la prudencia,
también el de la quietud y el que mide la pasión. Aprendió
a dejar el corazón en la pasta para el mole negro;
aprendió del amor con puños y espadas;
se batió en duelo cuando fue necesario, sin miedo a las
       heridas,
todo por la vida de sus hijos;
aprendió a llorar de formas poco ruidosas,
discreto le llaman a ese llanto en la almohada;
aprendió a amanecer sin ojeras, a quitar las arrugas de la
       ropa
y a usar crema en las manos para disimular las grietas.

El tiempo le enseñó todo sobre amar,
pero nada del amor. Tenía miedo de morir sin haberlo
       conocido nunca.
Se hizo de un par de vicios para vivir un poco,
dejó las mantillas para ir a misa
(excepto los domingos que usaba una negra),
se cortó el cabello
y sembró un pirul en el centro de la casa
para recordar que sus raíces

no buscan la tierra como buscan el agua que corre entre los
        pies,
como si el tiempo fuera río que el árbol roba al mar
con intención de crecer más alto que cualquiera,
pero sin abandonar la tierra.
Luego un día el tiempo se fue,
el maestro de las formas de amar salió por la puerta
sin despedirse. Fue en una noche,
casi sin respirar, que la abuela se quedó
desaprendiendo lo que le enseñó de amar.

                                                A FHM

NIÑA

El milagro de Saraí no es en realidad de ella,
le fue robado como el alma de muchas y la carne de todas.
Se lo arrancaron. Fue un hombre de fe
porque solo ellos pueden verla,
aunque nosotras podamos sentirla.

Cuando la carne sufre de hambre se le niega el apetito
pero cuando el espíritu pide clemencia
se castiga el cuerpo, un cuerpo que es nuestro
que es desierto y madreselva también.

Entre ambos mundos vivió Sara, perdón Saraí.
Habitó ilusiones de otros soñadores. Fue pura arena
y otras veces puro árbol. Amó tanto que entregó la vida a
        lagrimitas
y en oraciones solitarias. La he visto sentada cerca de la
        puerta
a la espera del porvenir, a que las paradojas del padre
terminen de llagar las manos con las que aprendió a orar.

La madona

Hija de tu dolor y de tu muerte
Ecce ego mitte me

Anciana

El día es una voz que me hace temblar
como las agujas del reloj que repican
y me recuerdan que entraré al espacio nocturno de la vida
con las manos vacías.

Mi cocecha se perdió, sembré cuidados sutiles
que nadie supo recibir o yo no supe dónde guardar.
Será que, despues de todo, me convertiré en cenizas en el
último de los días, y nada más.
Será que me iré sin haber entregado lo que se llama el
        corazón
y sin haber conocido la justicia bajo este cielo
bendecido por la sabiduría del hombre

Mal aventurados los que no supieron arrepentirse
incluso los que han cargado en su cabeza la corona que da
        vida
porque la piedad no vendrá por ellos como no vendrá por
        mí.

Quam Sancta Quam Detestabilis
cubierta de sombras, así ardo
como las flores del campo,
abriéndo los pélatos una y otra vez cada primavera

Tengo culpa de amar y hasta de buscar el amor
porque ninguna de las dos cosas llegué a tener.
Me inventé un mundo para dos y solo viví yo

entre crudos inviernos y alegres primaveras,
pero la belleza no fue suficiente o fue demasiada,
me arrancaron la piel en la estación estival
y viví miserable la falta de afecto.
No queda nada para glorificar, ni la dulzura de la miel entre
    las piernas,
ni la sed que sacian. Estoy seca de la piel como los árboles
    viejos
en los bosques olvidados,
excepto que aquí no hay bosque cerca
sino piedras y cal, mucha cal, cal que se derrama sobre las
    tumbas,
hoyos de tierra negra donde terminaré yaciendo, también,
junto con otras o tal vez sola, sola y con otras porque nadie
    nos visitará.

A mí

MUJER CON REBOSO

Si fueras más alta alcanzarías a Dios, pero nunca quisiste
	conocerle
no contaban con que te gustara más el movimiento de las
	olas,
su baile, para ti, es más fuerte que cualquier otro.
Quisiste crecer pero las alturas no eran para ti,
huiste de las rivalidades confusamente patéticas,
de esas reglas ubicuas que masticamos
para el gusto y regodeo de vicios ajenos;
rehusaste tallar tu sombra salvaje en granito,
para no conservar del miedo y del odio
su instinto de multiplicación;
pero tampoco negaste su memoria
a pesar de los años y las andanzas
porque pensaste que todo era culpa tuya
luego
luego
entraste a casa a oscuras como Juana Bignozzi
y de ti sólo supimos que caminabas
entre pisos lisos, paredes grises, ventanas sucias.

Y así en mis entrañas pintada.

Recorte del periódico en el que se puede leer el poema "Llegará el día" de Katerina G., único fragmento rescatado sin humedad:

María son —no quiero mentirte— tiempos difíciles y llegarán más. No sé, no esperes muchas cosas de mí es lo que he vivido, lo que he aprendido.

NOVIOS EN EL SOFÁ

Me gustaría mirarte a los ojos para verme en ellos
y sentir que el amor existe,
dime si puedo;
¿puedo verme en tus ojos?
¿guardarías mis rasgos en tus pupilas oscuras?
no te pido lo eterno
tampoco besos,
no me interesan.
Solo quiero verme en tus ojos,
no importa si ves otros rostros,
yo quiero ver el mío ahí
decir que eso que ves soy yo
así vestida como ahora estoy
con mi blusa terciopelo y mis rizos sin peinar,
déjame verme una vez y nada más.

A EJN

VISTA A LA CALLE

Mujeres que cantan con todas las entrañas reventadas en
    las tabernas,
que arden con la amargura hecha materia, ceniza o pétalos
    de magnolias.
Acompañantes de viajeros, Rati y Xochiquetzal despertando el deseo. Están por el camino de las farolas. Modelan grandes tacones y vestidos brillantes. Convidan al náufrago entre los mares del cariño el descanso entre sus pechos.

En otro tiempo se adornaban con olor a sándalo,
ahora se vuelven cisnes blancos, negros…aves nocturnas.
Las veo
y las escucho por las ventanas abiertas de mi casa.
Imagino que hablo con ellas, que me invitan y me hablan
    también.
Imagino que no soy desdichada, que soy como ellas.
Imagino que salgo.
Imagino que camino bajo la luz de las farolas y como ellas
    ofrendo mi frescura.

Luego me descubro descalza. Siento el frio en el cuerpo,
el alma se me ata a las ventanas, a las puertas a las lámparas,
a la casa hecha de ladrillo y apellidos de concreto.

Casa abandonada con columpio

La casa donde crecí fue coro de árboles y voces feroces
no se descansaba nunca
y en paz tampoco.
El rosal fue testigo de los gritos que las ventanas se
        tragaban
y las cortinas dispersaban por los cuartos para que el eco
        no los devolviera.
El polvo adherido a los muebles se fue para siempre
cuando mamá murió y las venas de la casa empezaron a
        desangrarse,
limpiamos todo,
hasta las piedras del jardín para no verla sucia;
porque pobres pero limpios,
decía.
Y buscamos una nueva forma de habitar una casa que ya
        no era nuestra,
sino un cuerpo olvidado como el rostro de quien la soñó:
Un cuarto aquí y una puerta allá,
con un jardín grande para sembrar árboles gigantes,
un guayavo, un limón y un pirul,
como le gustaban a mi madre,
a su madre antes que a ella,
a mí ahora y a ti después.

Casa habitada por muebles
y un fantasma que sigue regando las macetas en los
        balcones
y un fantasma que sigue colgándose del pirul

y un fantasma que sigue viviendo como si nunca se hubiera ido.
Casi puedo verte otra vez —en la puerta— esperando a que tu esposo volviera,
aunque fuiste tú quien le ayudó a cruzar la puerta.
Sacamos sus cosas,
todas
para que abandonara la casa o a ti,
a ti y la casa
porque tú y ella comparten el mismo malestar:
la espera perpetua,
esperanza de que alguien volverá,
abrirá las puertas,
limpiará las ventanas
y cuidará de tus plantas;
esperanza de vivir otra vez,
de ver entrar la luz,
de volverte cálida,
querer otra vez.

No aprendí a rezar como tú, ni tú como tu madre, ni ella como la suya.
No aprendimos ninguna a rezar como lo hacían antes,
tal vez nuestras angustias no son las mismas o será nuestra piel
que florecio a edades distintas.
Tenías 30 cuando sucedió
contaste
vivías sola o casi sola.
Lo conociste por casualidad,
así pasó. Un día vestías de blanco,

así como rondas ahora los pasillos
con una corona de flores y guantes en las manos
dijiste sí
y se te fueron otros 30 de vida
en esta casa de la que te niegas a salir.

¿Es tu fantasma un recuerdo de vida o el porvenir de estas
paredes que se despintan con el tiempo?
Visito la casa para visitarte a ti,
nunca he ido a verte a otro lugar, sino entre puertas y
       ventanas.
Perdóname si no puedo quedarme toda la noche,
Es sólo que entre los lamentos y el llanto no puedo
       distinguir el mío.

A GOH

MUJER CON FALDA

Nada se detiene nunca. Ni la noche cuando llega. Ni el día
    cuando nos abandona.
Me da miedo volver y verme otra vez en los espejos de mi
    casa.
Vagué escalando muros y quitando piedras con las manos,
pude haberme ido volando, pero huí antes de que me
    crecieran alas.
¿Había otra salida?
–Amor, escuché.
–Pero no una salida.
¡Ay, amor!
escuché
pero me resistí a desaparecer otra vez.

AMIGAS

Las luces de esta ciudad son amarillas, dijo. Podríamos
    estar caminando
las mismas calles –dijo otra vez– viviendo el mismo tiempo
sin habernos visto nunca,
pero ahora llevamos ritmo nuevo. Coleccionamos
    fotografías de paisajes
y retratos.
Nos gusta pestañear al aire sobre carreteras libres, repitió
    otra, de esas sin cuota.
Pintamos nuestras uñas y vestimos de colores.
La soltería nos atormenta cuando sube la renta.
–Pero amor es amor, ¿te das cuenta?

ENAMORADOS EN EL QUIOSCO

Un día solo quedarán palabras indecibles y un dolor de
    doble filo.
Crecerás entre fracasos porque la vida es urgente,
te pedirán reparar la grieta de nuestra apatía,
permanecerás
día tras día hasta el fin.
Seguirás el sonido de mi risa en el camino,
un día nos enamoraremos,
me romperás el corazón con historias musicales,
querré ver el mundo a tu manera antes de la tragedia,
pero el canto de los cañones me lo impedirá.
No es cosa del otro mundo, hay que tomarlo con calma;
yo me quedo la taza roja, la cafetera y el perro.

Niña II

Tengo cinco años cuando me veo sobre la pared de la casa vieja. Tengo un vestido blanco y botas negras. Tengo también el cabello suelto. Tengo la mirada en el piso. Tengo una mano en la boca. Tengo miedo de mirar a los ojos. Tengo una cámara frente a mí. Tengo la voz de mi madre junto a mí. Tengo a mi padre tras ella. Tengo el flash en la cara. Tengo una foto de mí con cinco años que se está despintando por los años. Tengo un retrato de lo que fui y aún siento miedo de perderlo.

Mujer en la puerta de su casa

Recuerdo una historia de terror sobre la casa de la abuela:
Vivía ahí una gitana,
húngara decían que era,
echaba cartas o las leía, y daba la suerte.
Un día leyó la suya:
—morirás— le dijeron,
y murió.

Un día la abuela la encontró,
dijo que fui yo también,
pero sólo recuerdo la historia que ella contó
no lo que vi:

La húngara quedó sentada al centro de la casa.
Tenía las cartas en la mano,
tenía una en la mano:
El arcano 18,
La Luna
—miedos profundos, temores—
vida de la imaginación,
vida del espíritu.

Allá se fue la húngara, a la eternidad.
Nos dejó la suerte echada,
pero no supimos descifrarla.

La abuela no supo qué hacer con ella. Nos dejó una casa
      mágica
que traía a la húngara una noche por semana.

Mujer besando a un hombre en la mejilla

Me hubiera gustado conocerte antes, cuando tenia 20 y
    podía soñar con grandes cosas,
comprar un auto y una casa pequeña con un jardín para 3
    perros.
A los 25, quizás, cuando la piel estaba firme y creía que el
    mundo estaba a mis pies,
cuando pensaba que era fuerte y audaz y bella y próspera.
Pudo haber sido a los 27 cuando cambié el estilo de mi
    ropa y me pinté el cabello,
cuando aún pesaba 50 y podía ir a todas partes sola.
También me hubiera gustado conocerte a los 30 en un bar
    con música en vivo
mientras me invitabas un trago,
cuando escribía poesía que pensaba publicaría.
Me hubiese gustado menos conocerte a los 33 cuando
    renuncié a mi trabajo
y volví a la casa de mi madre por seis meses,
pero aún ahí, a la espera del tiempo, en los 33, me habrías
    gustado más que ahora
a mis 50. Habría abandonado la idea de que incluso a tus
    43 eres un niño para mí
y hubiera deshecho las maletas en las que cargaba la
    vergüenza de volver a querer.

RECORTE DEL PERIÓDICO
ZAPATILLA ROJA CON TIERRA Y SIN TACÓN

Hay muertes que duelen durante mucho tiempo.
El sufrimiento de saber lo perdido se extiende a lo largo de
 los días
y los meses y los años.
Una ya no se mira al espejo por el miedo de recordar la
 ausencia
o sentir su sombra cuando se va a la cama fría por las
 noches.
Están las otras que se sienten como el rayo
golpeando el árbol seco.
Llegan hasta la médula, es momentáneo,
pero se pierde el equilibrio. Esas muertes son inesperadas,
vidas que las apagan otros y nos dejan a oscuras,
caminando a tumbos entre el rencor y el odio.
¿Cómo se vive con ellas?
No sé,
se me figura que gritando todos los días al amanecer y al
 ponerse el sol
para no olvidarlas
o podría ser pintando en cada esquina su nombre para
 recordarlas.
No sé,
se me figura que no hay nada que pueda curar la herida que
 queda
luego que se fueron,
pero también se me figura que habrá que coserla,
despacio y con hilos de acero para guardarlas dentro.

OFELIA

Ella viene con el alba todos los días.
La veo llegar, jugar sus dedos y registrar la entrada.
Viene con el sol o antes que él. Fuma uno, dos,
tal vez tres cigarros al día,
depende del trabajo
y del niño enfermo.
El gasto de la casa viene de sus manos
que cosen kilómetros de tela,
también de sus horas en pie
y a veces de la ropa ajena.
Si tiene ganas de llorar lo hace por las noches,
sin que se den cuenta. Seca sus lágrimas con las sábanas
y regresa al sueño donde quedó, tiene esa prosaica
       habilidad.

–Llegará el día en que amarás tanto que dolerá
le dijo su madre antes de huir de casa, y dolió.
A ella le dolió amar
porque amó, sí
amó mucho y sin reparos;
sin pensar en los daños;
aprendió el arte de deslizarse entre las sabanas
a media noche para no despertar el celo del otro;
aprendió a amar con las manos,
en la cocina y en la fábrica;
aprendió a amar mientras su vida
se hacia hilachas
o cuando en las fiestas hacían fotos de ella

sin que se enterara.
Ofelia amó mucho y sigue amando
de la forma que le enseñaron,
con las normas sobre el cuerpo y
con la carne a cuestas también.
Sigue aprendiendo de cariño,
pero no de otros sino suyos,
aunque pocos sepan de esto.

Edificio en reconstrucción

Para que lo sepas:
Estoy sentada al final de la escalera del condominio 6,
fracturado por el último terremoto 19S, ¿recuerdas?
Me tomaste de la mano mientras repetías
"quédate conmigo" tres veces seguidas.

Las paredes siguen aquí. Te escucharon, me digo,
porque aquí me quedé, aunque tu te hayas ido.
El oxidado barandal sigue esperando la pintura que
        prometimos,
las palomas siguen anidando en casa,
pasan la noche y parte de la mañana en las ventanas,
esperan el sol del medio día para irse y volver por la tarde.

Miro las escaleras polvorientas y me siento parte de la
        parvada,
voy y vengo, pero nunca me alejo.
Aun pienso que vendrás.
Te imagino abrir la puerta para dejar entrar el sol,
sacar la planta que tantas amas para aferrarse a la vida que
        ya no tiene.
Te escucho andar por la sala, el pasillo, los cuartos, incluso
el baño.
Te siento meterte a la cama surcando las sábanas de lino y
tumbarte a mi lado.

La sombra tuya me envuelve noche y día.

Me pregunto si vale la pena buscarte en las fotografías que
 me quedan,
algún consuelo me da, digo a quien pregunta,
pero me cansé de inventar respuestas.
No te busco.
Sé que no volverás.
Quiero entender la vida sin tu nombre en mis labios,
aunque mis ojos te hayan olvidado.
Perdona la infidelidad,
te amé cuanto pude y aquí me quedé porque lo pediste tres
 veces,
pero esta casa es mía
y este edificio el cuerpo que no he cuidado.
Lo siento cariño,
sigues aquí porque te imagino, pero ahora dejaré de
 nombrarte.
Sólo te escucharé para no agobiarte
tranquila
sigue siendo el mismo espacio, pero sin cortinas.

MUJER FRENTE AL ESPEJO

Escucho una voz dentro de mí,
su sonido rebota en las paredes de la casa.
Va de aquí para allá como una luz juguetona,
toca las ventanas, arruga las cortinas, enciende las
      lámparas.
La siento inundar mi cama y las almohadas en la cama.
Esa voz ya no está en mi cabeza, cambió de hogar;
estuvo conmigo largo tiempo
desde que jugaste en el campo de magnolias
hasta que se nos olvidó regresar
o solo regresé yo
o solo regresaste tú.

Al final, el final no cambió,
excepto por las plantas que llegaron
más aromáticas que las de casa,
blancas eran. Venían de muy lejos,
de un lugar a donde no podía ir yo,
vinieron cantando, las escuché.
No eran sirenas, aquí no hay mar. Eran ellas,
las plantas blancas
y los cactus también,
las escuché cantar,
pero la voz no era suya
sino de alguien más,
quizás siempre fue mía.

La inventé –seguro– para no sentirme sola. Una voz
de otra, o mía, pero ajena, una voz gritando
ven acá
Niña
niÑA
NIÑA
una voz sin rostro, sin cuerpo,
profunda.
Me moví incómoda,
viví mi vida ignorándola.
Ella ganó la primera batalla.

–¿Qué le pasa a la niña?
Habla sola.
Alguien me llama,
viento,
aire es,
en la casa de la abuela así lo llaman,
un vendaval que se mete a los huesos
y no sale de ahí hasta que una se ha ido.
Se apodera de todo lo que una es
o de lo que estaba destinada a ser
para convertirnos en otra cosa.
Con limpias se va:
alcohol
ruda
rezos
–¿Ves esas venitas que flotan?
–Es ella, la traes encima.

Ella,
Yo,
un yo con mayúscula,
con una Y por delante,
viniendo por mí
—otra vez—
para andar y dormir juntas
en una tumba serena,
oculta dentro de mí,
dicen que en mi cabeza.
No, ahí no estabas.
—la voz, por lo menos—
si eras tú, te escuchabas más lejos,
en el corazón. Te habré ocultado ahí,
pero lo olvidé. Me acostumbré a no hablar contigo,
hasta que volvió
—la voz—
tuya o mía,
tuya y mía.

Se volvió incómoda
—la voz—
me asfixiaba.
—Te llamaron alma negra,
¿lo eras?
—Fuimos.
—¿Lo somos?
—Nuestra voz escucho, me salen ardiendo las palabras.
Tengo miedo de volver a hablar.

Soy el hogar de una voz con tres puertas en el pecho,
una en medio y otras dos a los lados,
oscuras todas porque adentro no hay luz,
sino eco, sonidos esquivos que se pierden
entre el corazón y la cabeza.

—Por eso no se te encuentra. Te escucho
o escucho un zumbido,
no es una voz —digo—
sino un temblor que recorre las venas como lava todavía
        caliente,
vida que arde oculta o guardada,
vida que es otra y la misma que yo,
un fragmento tuyo,
un pedazo de mí,
de mi rostro compungido.

Rodeadas de silencio y calma.

Entrada de un diario: La artesana busca aquello que sus materiales no tienen

Lunes 27

Me gusta la literatura asiática, aunque no sé qué significa esto exactamente. Tampoco he leído mucha literatura asiática, sólo un par de libros de Yukyo Mishima, uno de Banana Yoshimoto, uno de Kenzaburo Oe, otro de Mo Yan y uno más de Cho Nam-Joo. Mi experiencia ha sido mínima y todo lo que leído ha sido por traducción, así que se puede decir que la afirmación "me gusta la literatura asiática" es una mentira a medias. La mitad que es verdad está relacionada con lo que se puede considerar universal en la literatura: la narración de afectos, de nuestros afectos y las preocupaciones que se derivan de ellos.

Los espacios y las interacciones en las narraciones de escritores y poetas asiáticos nos ofrecen una nueva forma de mirarnos y recorrer una parte de nosotros que no habíamos visto reflejada en los relatos que con frecuencia nos topamos. Me gusta sobre todo la elasticidad que tiene la metáfora al desenvolverse con tanta naturalidad en sonidos tan distintos sin perder la fuerza y la calidad con la que se puede comparar la emoción del primer amor con el cielo claro y el brote de los árboles de sakura o el desaliento con el cielo nublado en un invierno de la infancia.

Para hablar, pues —decir— de lo que está dentro con lo que hay afuera, yo lo haría del modo que lo hacen Banana Yoshimoto o Cho Nam-Joo. Hablaría de las tormentas de granizo que se desataron en mi vientre cuando tomé las pastillas de misoprostol; hablaría también del fuego gélido que crecía en mi pecho hasta dejarme los pezones como rocas; hablaría también del tiempo aletargado justo después de la tormenta. Hablaría de las ruinas que quedaron del amor consumido por la culpa del reclamo ajeno, de la aguja enterrada sobre la planta de los pies que no deja caminar o también del corazón arrugándose como globo olvidado en una fiesta cualquiera. Hablaría de mis nuevos parentescos, de los lazos que construí como la primavera cuando vuelve al mundo con nuevas flores que, como yo, resistieron el naufragio del vituperio. De esto hablaría si yo escribiera como Banana Yoshimoto o como Cho Nam-Joo.

LLUVIA EN LA AZOTEA

Mi casa es un cuarto de veinte metros cuadrados.
Mi casa es un cuarto de veinte metros cuadrados con una
    sola ventana
Mi casa es un cuarto de veinte metros cuadrados con una
    sola ventana en una azotea
Mi casa es un cuarto de veinte metros cuadrados con una
sola ventana en una azotea de un edificio de cuatro pisos
Mi casa es un cuarto de veinte metros cuadrados con una
sola ventana en una azotea de un edificio de cuatro pisos;
    el baño está afuera
Mi casa es un cuarto de veinte metros cuadrados con una
sola ventana en una azotea de un edificio de cuatro pisos;
el baño está afuera, pero siempre nos la pasamos adentro.
Mi casa es un cuarto de veinte metros cuadrados con una
sola ventana en una azotea de un edificio de cuatro pisos;
el baño está afuera, pero siempre nos la pasamos adentro
    mis perros y yo
Y nos la pasamos adentro porque afuera no para de llover, las gotas y el granizo caen repetidamente sobre nuestro cuarto. Repica una, dos, tres, cuatro, cinco, seis, siete... ¿cuántas veces?
Nuestra casa es un cuarto de veinte metros cuadrados con una sola ventana en una azotea de un edificio de cuatro pisos; el baño está fuera, pero mis perros y yo nos la pasamos adentro. A este lugar llamamos hogar y fue lo único que pudimos pagar con mi sueldo de diez mil mensuales en una ciudad donde un departamento de cuarenta y cinco metros cuadrados se alquila en quince mil.

PEINETA DE BRONCE

Me resistí a quedar sin amor
y me fundí como un foco defectuoso en el intento. La luz
～～～～de la casa
como la vida de mi cuerpo se fue sin que pudiera detenerla,
ahora la busco entre los brillos de botellas pequeñas un
～～～～olor a rancio
que me haga recordar que respiro porque huelo aunque no
～～～～viva.

La carne que era para el cariño, se volvió fría. Ya no me
～～～～sale la ternura,
piso tierra desolada, nada crece aquí ni florecen las ganas
～～～～de amanecer.
Me quedé menguando entre las cuatro paredes de las que
～～～～no salgo.

MUJER CON VESTIDO BLANCO

Fuiste robada,
José te llevó consigo,
tenías catorce años.
Miguel –tu padre– hizo que volvieras,
¿fue él o fuiste tú quien decidió volver?
José no lo recuerda, aunque habla de ti
como si te tuviera frente a él
como todas las mañanas
y todas las tardes con sus noches.
Cuenta de ti la ausencia, Teresa,
porque José no quiere perderte.
Se niega a entregar todos sus recuerdos,
teme quedarse vacío si cuenta de ti.

Se lo ve caminar en el patio de la casa,
barrer las hojas secas que dejó tu partida,
las barre en silencio y por la mañana,
a esa hora te recordará más que cualquier otra.

Se le escucha murmurar una oración
o talvez tu nombre, ambas cosas quizás,
no se sabe, solo se le escucha.
Te habla, seguro, más que tus hijos,
no porque no te amen, Teresa,
sino porque no saben cómo hablarte
ahora que no es tu voz la que responde
sino un soplo de lo que fuiste. Esencia lo llaman unos,
espíritu otros,

pero sigues siendo tú, Teresa.
Sigues estando aquí entre el polvo y la vejez de tu casa,
José, tu José, es el único que te ve deambular,
el que te siente,
te siente y te escucha,
por eso no llora, sino calla
para estar atento de ti
como cuando te veía caminar
por las calles hechas lodazal
o cuando caminabas con tus amigas
mientras él en silencio te acompañaba.

Y es que esto anhela
lo que tuvo,
tu compañía,
tú a un lado,
tú al frente,
tú a sus espaldas,
tú, Teresa,
tu presencia,
el recuerdo de las cosas que tocaste,
de los lugares a los que fuiste,
los hijos que educaste,
la vida que le diste,
todo esto, Teresa, extraña José,
aunque no lo diga.

A TMP

ANCIANA II

¿Cuántas Anastasias habrán vivido una vida triste y corta?
¿Cuántas de ellas cargarán el destino en el nombre, la resurrección, la perpetuidad?
¿Cuántas más habrán parido un solo hijo y le habrán llamado José?
¿Cuántas otras Anastasias entregaron sus fuerzas al trabajo de casa?
¿Cuál de todas las Anastasias se fue y dejó a José entrando a la vida a prisa y en silencio?
Una de ellas, Anastasia, madre de José, esposo de Teresa, padre de ocho hijos y de Andrea.

MUJER DESCALZA

El deseo es como lluvia de estrellas que
empuja al cuerpo hasta caer en la tentación,
empieza en el baño una mañana de esas que una nunca
       tiene.
El calor sube por las piernas o se atasca ahí
hasta que se calma:
se siente como un canto,
se siente como querer cantar,
se siente como un aire apretado,
se siente como un grito.

El deseo viene como lluvia de estrellas,
pero es más bien como el viento,
vehemente y violento. Cosa que solo la piel comprende,
la piel sin otras pieles encendida
que se mueve como arroyo,
va y viene como péndulos
puestos a mecerse al mismo tiempo.
Traza rutas.
el deseo,
que nunca son las mismas,
luego se vuelve destino lánguido,
heroico o sáfico. Otras veces se oculta,
se vuelve misterio que, si se busca, se convierte en tumba
que revive flores marchitas.
Así viene el deseo. Arraiga en la tierra,
cuando es árida brota en verde y con espinas.

El deseo también transforma. Devuelve la vida
o lo que siendo vida se olvida cómo se siente
y eso trae de regreso,
el grito,
la fuerza,
el cuerpo
lo trae a este mundo. Así viene el deseo,
a traer el cuerpo al mundo, y llega como lluvia de estrellas.

A HMZT

BOTA ABANDONADA EN EL MONTE

De vivir en otro lugar
—fuera de los sitios que has conocido
y que has tocado o soñado—
elegirías un lugar apartado,
lo sé.
Un lugar donde hay verde todo el tiempo,
donde llueve y donde se abandonan los pasos
como ofrenda para el camino.
Un lugar con árboles,
ahí en Donostia,
te dijeron que se llama.
Lugar de senderos y de pozos de agua,
lugar para pisar y renombrar.

Tu última morada,
tierra para descansar y abandonar las botas,
el cuerpo y las espinas que traes dentro.
De vivir en otro lugar, elegirías el camino a Peñas,
el rumbo de Oianleku,
hojas,
fuentes,
árboles siameses
de Aia,
Arditurri abajo,
Peñas arriba,
senderos planos,
bifurcaciones,
y una joven saltando un tronco

y un joven capturando el instante.
Un momento.
Una imagen.
Unos segundos.

De vivir en otro lugar, elegirías un camino sencillo
—para anidar, para construir un nido, para anidar en un sitio
      bañado de silencio—
hablarías de él con palabras simples, con palabras cortas
como los erizos dibujados en manuscritos de hace
      trescientos años.

A DAYSR

MUJER QUE ESCRIBE

Dicen que los poetas sólo pueden hablar del ayer,
que la lengua con la que escriben versos
viene de ahí,
un sitio poco preciso
–tal vez oscuro–
atravesado por la palabra.
Dicen, pero no es así. Hay poetas que hablan de otras cosas,
de espacios iluminados
con sonidos y otros ritmos
–a veces poco solemnes–
con cadencia al andar. Son poetas de la vida
o, mejor, poetas de la casa. Poetas inventadas,
que hablan de cuando una se levanta
y lo primero que hace es ponerse el vestido,
tal vez de ir a la cocina,
hacer el desayuno o quizás ir al baño.
Poetas hechas de arcilla y de colores,
poetas narradas y también condenadas,
poetas imaginadas y con imaginación,
poetas con la carne rellenita, depiladas –a veces–
de cadenas perpetuas, coronillas y misales,
Poetas de oraciones largas,
poetas de la cama sucia, limpia u ordenada,
poetas que envejecen pronto o tardíamente,
poetas que se peinan y se masturban,
poetas –como dije– inventadas, reinventadas, atemporales,
      todas ella. Poetas.

JOVEN EN EL PARQUE

Quiero contar de mi, la historia de mi vida, ahora que puedo o que aún tengo tiempo. He fallado ya dos veces. Empezar con mi nombre fue un error. No es mi nombre parte de mi historia y si lo es solo será una muy pequeña. Poco dice de mi el nombre mío. Uno que no es mío sino de mis padres o de uno solo. Fue uno de ellos quien lo escogió para mí.
Entonces no es el nombre la historia de mi vida, que fue mi primer error. Traté de contar mi historia por el recuerdo. La memoria mucho diría de mi vida, pero nada de mí. Ningún recuerdo es mío. Ninguno fue mío. Todos fueron de otros, de quien dijo: así fuiste, así hablaste, sí lloraste, así cantaste, así gritabas. Pensamos que serías otra cosa. Otra cosa. Menos lo que eres.
Ningún recuerdo fue mío realmente y los abandoné antes de empezar a narrarlos yo misma. Antes de creerlos todos. Me quedé con uno solo. Una fotografía. No mía, sino de mi padre. Una fotografía de mi padre caminando por el parque. Un hombre alto, también delgado, con barba y pantalones. Un hombre que sonríe, que tiene cejas pobladas. Cejas negras y pobladas. Cejas que se contraen por el sol. Camina sonriendo. Camina sonriendo con libros en la mano. Ahí está la historia de mi vida, de lo que puedo contar de mí, de lo que aprendí: a caminar, a sonreír, a cargar libros en las manos, a contraer las cejas por el sol. De lo que soy ahí está, en una fotografía tomada a mi padre diez o quince años antes de que yo naciera.

A mi padre

Mujer con vestido amarillo

Tengo manos de costurera,
no de pianista, tengo también el cabello crespo
y un trabajo mal pagado, pero mi vida, es intrascendente.
Cualquier fulano puede fumarme
apenas se cruce conmigo en la calle. De nada sirven
mis credenciales, si a caso para hacerme la interesante.
Me duelen los dedos de las manos y la espalda
cuatro noches a la semana.
Quisiera tener manos de pianista y que alguien me lo
       recordara.

FOTOS PARA PASAPORTE DE UNA JOVEN EN DIFERENTES EDADES ENCONTRADAS EN MEDIO DE UN LIBRO

I

Lo que sabes de poesía
es mera mierda –orgánica– pero
mierda al fin. Pues bien,
antes de que te haga daño y
te haga creer que puedes escribir poesía
como te han dicho que se escribe,
cógela y tírala a la basura
como cuando rompes los huevos
para el desayuno,
sin remordimiento y con cierta elegancia.
Te vendrá una mugrosa epifania, descuida,
solo ten en cuenta que no ocurre igual siempre.

II

A veces –las epifanías– ocurren en lugares inóspitos.
Sí, a la cama me refiero,
entre las sábanas tornasol que sólo se mojan con el sudor
de los dedos.
Sí, así de oloroso, casi sin descanso: una
o dos horas de sueño, nada más.

III

Otras –epifanías– acontecen cerca de lugares místicos,
el baño, por ejemplo.
Sí, la ducha, dicen. Así le dicen, ¿no?
–la regadera–
Yo no tengo, de cualquier modo.
2021 y no tengo epifanías, de cualquier modo.
Luego, en el baño se piensa. Depende de la hora,
a veces se medita de lo que una come, verduras es lo mejor,
la dieta vegetal para fluir, como las palabras
con el soplo del viento
tan bohemia la forma
tan formal la forma
tan poética la forma
tan copiada la forma
tan común la forma.

IV

Las formas del baño pueden ser olorosas también,
pero cuando se escriben en papel
se perfuman con nuevas esencias
porque todos usamos el baño:
más para cagar que para bañarse
y así surge la necesidad de la palabra
como un desecho –orgánico–,
de lo que viene de adentro
de las entrañas

de la tripa,
de la sangre,
pero más del vientre.

Autorretrato II

Si pudiera salir de mi cabeza para encontrarte otra vez
    dormida
y entrar al mundo de los vivos me lo pensaría dos veces,
no me gusta tomar analgésicos o antisépticos.
Nada en absoluto me confortaría,
ni las lágrimas nocturnas para limpiar los párpados
ni las humedades de los sueños más profundos.
No tengo miedo como solía ser, me gustaría que te
    quedaras
pero los días en que solía gritar han pasado ya,
los días de inquietud se me desprendieron de la piel,
ahora nos desconoceremos, eso está bien,
hemos tratado de encontrarnos nuevamente, eso está bien.
Descansemos.

Fragmento de Alaíde Foppa escrito con lápiz encontrado en un libro de oraciones:

*No se de donde viene el viento que me lleva, el suspiro que me consuela, el aire que acompasadamente mueve mi pecho y alienta mi invisible vuelo. Yo soy apenas
la planta que se estremece por la brisa, el sumiso instrumento, la grácil flauta que resuena por un soplo de viento.*

TIME LIFE

Recuerdos...
Una limpia con hierbas, huevos, humo,
mantas y un quejido. El cuerpo dolorido y la cabeza dando
    vueltas: varicela.
Sensaciones irrecuperables porque de las huellas sólo
    queda una marca
en el pecho como el símbolo sobre el papiro
pero en la carne,
no desaraprece y su forma da forma a mi cuerpo
—entonces acontece lo impensable—
papá está junto a mí mientras reposo.
La curandera dice: se pone buena, una o dos noches así
se pondrá buena si no habla.
Y papá está junto a la niña poblada de remedios,
duele la cabeza y el cuerpo se siente como reventado.
El color del dolor es verde porque verde son las hierbas
de olor y de verde recuerdo el mundo
como el verde luna
verde que te quiero verde
verde viento y verdes ramas
como una melodía desentonada.
Mi nombre suena como mis recuerdos (ahogados)
busco imágenes en la memoria pero con ruidos
como cuerdas de una viola que son el retrato de los gritos
    de una niña
o de una mujer o de ambas.

Me gustan las formas de cuando la gente habla

y de lo que inventa,
el nombre de cuando la gente anda: movimiento.
Me gusta el vidrio romperse contra el piso
y me gusta ver todos los cristales cayendo
porque el sonido de su rotura causa impacto, sorpresa. Lo
 imprevisto
es como un cuento, la historia de cuando tenía once
y caminaba por el cerro del Calvario para comprar panes.
Recuerdo la calle de casa cuesta abajo, la panadería hasta el
 fondo,
el jardín de niños,
no,
—el jardín de niños no colinda con la panadería—
pero recuerdo el ruido y lo monstruoso de los árboles al
 moverse
por el viento
y el pirul en la esquina silvando con sus hojas.
Otra forma viene: la memoria y sus tropiezos como si
 estuviera al final de mi vida
—estás al final de tu vida —
escribiendo sobre lo último que recuerdo de cuando
a los trece quería ser otra pero con el mismo nombre.
Ser yo en tres momentos es una idea común a esa edad,
la necesidad de ser tres veces es simbólico
y se refuerza con la evocación,
mi nombre lo dicen mi padre, mi madre y mis abuelas;
tres oportunidades de ser para tres vidas diferentes,
de todas, la que termina bajo la tierra húmeda

soy Yo: la que nunca ha dicho su nombre en voz alta
pero hablo de mí en primera persona.

Relatos...
Una historia de mi piel café. Melina mira mi cara
café frente a la suya, blanca
y blanco se convirtió en el color del cielo, de la naturaleza
y de la desgracia,
blanca no soy pero quise ser
y de cabello lacio también,
blanca y lacia porque no lo era. Sigo sin serlo,
hasta ahí llegó la forma del primer golpe.
Al final
suena la campana y siento el puño en mi cara café;
el castigo de no ser y que aún sigo sin ser
porque blanca no soy, pero quise porque me dolian los
       golpes,
me dolía la fealdad y me dolía el color. La forma
se fue, dejó de doler.
Escribo mi nombre: dos sílabas,
cinco sonidos
escribo una forma fija de mí, mi nombre de dos sílabas
no me describe: vuelvo a escribir sobre el papel mi nombre
de dos sílabas
más mi apellido. Entonces dice todo de mí,
se reproduce una estampa de inmovilidad
de mí a los 4 y de mi a los 6
—ironías del ritmo—
como un endecasílabo melódico
como queriendo ser un poema
hacer un poema
decir un poema,
pero accidental. La inmovilidad de los cuatro no es mía
sino impuesta, la imagen de mamá llevándome al colegio

y yo teniendo miedo al abandono o a la decepción
porque sentirlo no sé; la inmovilidad de los 4, ya dije, no
    es mía
sino de mamá.

    Luego:
Enmudecí. Olvidé mi nombre por años. Caminé sobre
    tierra nueva
con nuevo nombre, nuevo trabajo, pero sin ropa.
Migré también, junto con mi nombre, como las aves a
    nuevos árboles.
No rompí el vínculo, apreté el lazo
mucho más fuerte que antes para no irme
de la lengua,
no hablarla
pero escucharla, siquiera. La hice nudo
en la garganta y en las piernas.
Un beso simple —desgarrando la juventud— alimento del
    entusiasmo,
irrecuperable al paso de mis versiones. Los pulsos de un
    cuerpo joven
jurando embellecer incluso lo perdido
hasta el siempre de los tiempos,
pero es imposible cuando la lengua es muda y el nombre
    aprieta;
entonces
el cuerpo se esclaviza
signos lo sujetan
manos lo sujetan
ojos lo sujetan
cuerpo sujeto del cuerpo: sub–yec–to a la sombra

de una lengua del pasado: ajenidad.
      Cuando el cuerpo se pone bajo la lengua
se le desconoce
se pierde su forma
su pulso se transforma en otro
a veces lo acelera y pierde su sitio; luego llueve
—me precipito a escribir— describo mi nombre
como mis manos, mi rostro o mi boca, con más sílabas,
      fonemas, sonidos
cadencia.
Todos se sorprenden
          —¿así se escribe? ¿con h?—
se escribe con h
muda al final,
faríngea
caminando sigilosamente
contra los intentos por eliminarla
—si no habla ¿para qué tenerla?—
pero la letra guarda dentro un proceder,
el de la palabra: la figura, su enunciación, el milagro del
      viento
dentro del cuerpo,
herencia del levante mediterráneo. Se escribe con h
muda,
mi nombre, y renace sonora.
Mudanzas...
Penitencias del cambio. Habito un lugar abandonado,
atravesado por la muerte (de las cosas). Se me hacen callos
en los dedos
por los dias de ocupar a todas horas
un lugar diferente.

A veces revienta la hebra de la piel,
el callo se rompe
y supura la herida hasta que se recubre
otra vez
con nueva piel,
otro espacio
habitado con plantas esta vez. Aquello que cubre el cuerpo
pronto se pierde, vuelve a formarse
porque su uso –sí su uso, el cuerpo– no ha terminado. No
      termina,
nos obliga a caminar. Aprendes a caminar con callos
en el cuerpo.
      La escritura es otro murmullo de callocidades
que acontece siempre y a todas horas. La mía está detenida
porque es muda – ¿recuerdas?– escribe sílabas
escribe ritmos
le suceden ritmos
rimas
al final de la línea. Se desborda pero nadie la ve
no puede verse, se transforma en otra cosa apenas toca el
      papel
–porque es muda–
porque no es cicatriz, no es una herida,
sino un resueno de cosas, gritos, quejas –el habla–
de allá afuera
oxidada como mi espalda al doblarse
cuando duermo en el piso;
lengua estrecha con la que resuena mi nombre
perdido en nuevos lugares
subterráneos o en la boca de otros
 mi nombre (yo) repetido mil veces mal por el amor de una

noche. Pero
me equivoco, también, al pensar en mí.
Este lenguaje nuevo, del cuerpo fuera del cuerpo,
del genero reconstruido, echado a un lado
me deja zurcos en el rostro. Me rejuvenecen las manos
    sosteniendo la pluma
hasta entonces marchitas por el trabajo diario,
y me recuerdo añorando una línea de tiempo
no correspondida,
la no contada,
torrente de páginas en blanco
acalambradas porque no hay qué narrar,
poco se ha vivido
hasta el momento.
Escribo en total comparecencia de mis sentidos
y desaparecen.
Cuerpos (re)diseñados con materiales orgánicos:
aliento, roturas, hojas, un soplo,
mi ingrávido soporte que resiste las mutaciones;
cuerpo del cuerpo
carne al margen, al límite del olvido. Escribe mi lengua mi
    nombre
con h, muda.
Orígenes…
La pintura —diseños del mundo natural— sobre la piedra,
mi casa, piedra de río, grís, olorosa, tersa la piedra
de mis muros: así empieza la historia
—del mundo— inmóvil
en color de la hierba, de las flores o de los frutos
y del maíz. La primera infancia,
que empezó antes de los primeros recuerdos;

simbolismo de la vida y de la casa, la cueva, la familia: los
 anillos
de la abuela. Los anillos de la abuela. Los anillos de la
 abuela. Los anillos
y las fotografías,
la letra trás la forma.
Ahí empieza la historia. Un día, el acontecimiento: *Nació*
y mi nombre fue escrito. No se pronunció, se escribió sólo
en lengua muda, sobre la forman; yo (o mi nombre)
nací entre la pared de la cueva,
como en Altamira, a oscuras,
en silencio, sin grito y con conciencia de la muerte.
Nací de la forma, de una palabra arrebatada de la mano
de mi abuela: del acontecimiento.
Hablan de mí los dedos y los tendones tensos
sobre el lápiz. Figuran mi tiempo,
le dan vuelta al signo, mi signo
la lengua en la que hablo, con la que nací
y dije: Yo, pero no mi nombre. Ahí el origen de las mareas
con los años más perdidas
en la atonía;
quebrado el viento con la lengua
jugando mis letras, mis sílabas
ferozmente habitadas por mi llanto. Hechizo
de vida alejado de la arcilla que formó a
mi madre y a sus hermanas. Yo vine orgullosa
al mundo entre pinturas sobre la piedra,
moldeada en grafías.

Yo …
Mi nombre llegó para hablar de recuerdos antes que

futuros.
Dijo una, dos, tres palabras; unió una, dos, tres frases y se detuvo,
Quieta –dijeron–, quieta –decían–, quieta –dicen–,
MUDA –gritaron– y mi nombre, la voz de mi nombre, abatida,
apasionada, se levanta de la silla, camina, camina, camina y se
mira al espejo, dibuja letras: los fonemas de mi nombre, nuestro Yo
en pobre silabeo, con voz amortajada. Ergo. El cuerpo: mi cuerpo.
Una limpia con hierbas, huevos, humo, mantas y un quejido.

ACERCA DE LA AUTORA

Odeth Osorio Orduña (Puebla, 1988) estudió Lingüística y Literatura Hispánica, en la Benemérita Universidad Autónoma de Puebla, la Especialización en Literatura Mexicana del siglo XX y la Maestría en Literatura Mexicana Contemporánea en la Universidad Autónoma Metropolitana, Azcapotzalco. Ha colaborado en diversas revistas como *Campos de Plumas*, *Río Grande Review*, *Reflexiones Marginales*, *El Camaleón*, *Revista Seis Mil 83*, *Temporales* y *Revista Hispanoamericana de Literatura*. Su primer libro de poesía publicado es *Intimidades. Testamento cantado tranquilamente a la sombra* (Nueva York Poetry Press, 2020), poemario ganador del III Premio Nacional de Poesía Germán List Arzubide.

ÍNDICE

Theresia

Vidas que se esconden en la geografía del nombre · 13
Mujer con chalina · 19
Escena en la cocina. Madre e hija · 20
Plegaria en la parroquia de Santiago Apóstol · 21
Mujer tomando café · 22
Mujer con sombrero · 25
Oración por los enfermos en la Capilla del Rosario · 26
Autorretrato · 28
Semana Santa en Izúcar. Procesión del silencio · 30
Semana Santa en Izúcar. Mujeres con mantilla · 31
Procesión fúnebre. Mujer con mantilla · 32
Niña · 34
La madona · 35
Anciana · 36
Mujer con reboso · 38
Novios en el sofá · 43
Vista a la calle · 44
Casa abandonada con columpio · 45
Mujer con falda · 48
Amigas · 49
Enamorados en el quiosco · 50
Niña II · 51
Mujer en la puerta de su casa · 52
Mujer besando a un hombre en la mejilla · 53
Recorte del periódico. Zapatilla roja con tierra y sin tacón · 54
Ofelia · 55
Edificio en reconstrucción · 57

Mujer frente al espejo · 59
Lluvia en la azotea · 67
Peineta de bronce · 68
Mujer con vestido blanco · 69
Anciana II · 71
Mujer descalza · 72
Bota abandonada en el monte · 74
Mujer que escribe · 76
Joven en el parque · 77
Mujer con vestido amarillo · 78
Fotos para pasaporte de una joven · 79
Autorretrato II · 82
Time Life · 84
Acerca de la autora ·95

Colección
**PREMIO INTERNACIONAL DE POESÍA
NUEVA YORK POETRY PRESS**

1
Idolatría del huésped / Idolatry of the Guest
César Cabello

2
Postales en braille / Postcards in Braille
Sergio Pérez Torres

3
Isla del Gallo
Juan Ignacio Chávez

4
Sol por un rato
Yanina Audisio

5
Venado tuerto
Ernesto González Barnert

6
La marcha de las hormigas
Luis Fernando Rangel

7
Mapa con niebla
Fabricio Gutiérrez

8
Los Hechos
Jotaele Andrade

Colección
CUARTEL
Premios de poesía
(Homenaje a Clemencia Tariffa)

1
El hueso de los días
Camilo Restrepo Monsalve
-
V Premio Nacional de Poesía
Tomás Vargas Osorio

2
Habría que decir algo sobre las palabras
Juan Camilo Lee Penagos
-
V Premio Nacional de Poesía
Tomás Vargas Osorio

3
Viaje solar de un tren hacia la noche de Matachín
(La eternidad a lomo de tren) /
Solar Journey of a Train Toward the Matachin Night
(Eternity Riding on a Train)
Javier Alvarado
-
XV Premio Internacional de Poesía
Nicolás Guillén

4
Los países subterráneos
Damián Salguero Bastidas
-
V Premio Nacional de Poesía
Tomás Vargas Osorio

5
Las lágrimas de las cosas
Jeannette L. Clariond

-

Concurso Nacional de Poesía
Enriqueta Ochoa 2022

6
Los desiertos del hambre
Nicolás Peña Posada

-

V Premio Nacional de Poesía
Tomás Vargas Osorio

Colección
PARED CONTIGUA
Poesía española
(Homenaje a María Victoria Atencia)

1
La orilla libre / The Free Shore
Pedro Larrea

2
*No eres nadie hasta que te disparan /
You are nobody until you get shot*
Rafael Soler

3
Cantos : & : Ucronías / Songs : & : Uchronies
Miguel Ángel Muñoz Sanjuán

4
13 Lunas 13 / 13 Moons 13
Tina Escaja

5
Las razones del hombre delgado
Rafael Soler

6
Carnalidad del frío / Carnality of Cold
María Ángeles Pérez López

Colección
VIVO FUEGO
Poesía esencial
(Homenaje a Concha Urquiza)

1
Ecuatorial / Equatorial
Vicente Huidobro

2
Los testimonios del ahorcado (Cuerpos siete)
Max Rojas

Colección
CRUZANDO EL AGUA
Poesía traducida al español
(Homenaje a Sylvia Plath)

1
*The Moon in the Cusp of My Hand /
La luna en la cúspide de mi mano*
Lola Koundakjian

2
Sensory Overload / Sobrecarga sensorial
Sasha Reiter

Colección
PIEDRA DE LA LOCURA
Antologías personales
(Homenaje a Alejandra Pizarnik)

1
Colección Particular
Juan Carlos Olivas

2
Kafka en la aldea de la hipnosis
Javier Alvarado

3
Memoria incendiada
Homero Carvalho Oliva

4
Ritual de la memoria
Waldo Leyva

5
Poemas del reencuentro
Julieta Dobles

6
El fuego azul de los inviernos
Xavier Oquendo Troncoso

7
Hipótesis del sueño
Miguel Falquez Certain

8
Una brisa, una vez
Ricardo Yáñez

9
Sumario de los ciegos
Francisco Trejo

10
A cada bosque sus hojas al viento
Hugo Mujica

11
Espuma rota
María Palitachi (Farazdel)

12
Poemas selectos / Selected Poems
Óscar Hahn

13
Los caballos del miedo / The Horses of Fear
Enrique Solinas

14
Del susurro al rugido
Manuel Adrián López

15
Los muslos sobre la grama
Miguel Ángel Zapata

16
El árbol es un pueblo con alas
Omar Ortiz

17
Demasiado cristal para esta piedra
Rafael Soler

Colección
MUSEO SALVAJE
Poesía latinoamericana
(Homenaje a Olga Orozco)

1
La imperfección del deseo
Adrián Cadavid

2
La sal de la locura / Le Sel de la folie
Fredy Yezzed

3
El idioma de los parques / The Language of the Parks
Marisa Russo

4
Los días de Ellwood
Manuel Adrián López

5
Los dictados del mar
William Velásquez Vásquez

6
Paisaje nihilista
Susan Campos Fonseca

7
La doncella sin manos
Magdalena Camargo Lemieszek

8
Disidencia
Katherine Medina Rondón

9
Danza de cuatro brazos
Silvia Siller

10
Carta de las mujeres de este país / Letter from the Women of this Country
Fredy Yezzed

11
El año de la necesidad
Juan Carlos Olivas

12
El país de las palabras rotas / The Land of Broken Words
Juan Esteban Londoño

13
Versos vagabundos
Milton Fernández

14
Cerrar una ciudad
Santiago Grijalva

15
El rumor de las cosas
Linda Morales Caballero

16
La canción que me salva / The Song that Saves Me
Sergio Geese

17
El nombre del alba
Juan Suárez

18
Tarde en Manhattan
Karla Coreas

19
Un cuerpo negro / A Black Body
Lubi Prates

20
Sin lengua y otras imposibilidades dramáticas
Ely Rosa Zamora

21
*El diario inédito del filósofo vienés Ludwig Wittgenstein /
Le Journal Inédit Du Philosophe Viennois Ludwig Wittgenstein*
Fredy Yezzed

22
El rastro de la grulla / The Crane's Trail
Monthia Sancho

23
Un árbol cruza la ciudad / A Tree Crossing The City
Miguel Ángel Zapata

24
Las semillas del Muntú
Ashanti Dinah

25
Paracaidistas de Checoslovaquia
Eduardo Bechara Navratilova

26
Este permanecer en la tierra
Angélica Hoyos Guzmán

27
Tocadiscos
William Velásquez

28
*De cómo las aves pronuncian su dalia frente al cardo /
How the Birds Pronounce Their Dahlia Facing the Thistle*
Francisco Trejo

29
El escondite de los plagios / The Hideaway of Plagiarism
Luis Alberto Ambroggio

30
*Quiero morir en la belleza de un lirio /
I Want to Die of the Beauty of a Lily*
Francisco de Asís Fernández

31
La muerte tiene los días contados
Mario Meléndez

32
Sueño del insomnio / Dream of Insomnia
Isaac Goldemberg

33
La tempestad / The tempest
Francisco de Asís Fernández

34
Fiebre
Amarú Vanegas

35
63 poemas de amor a mi Simonetta Vespucci /
63 Love Poems to My Simonetta Vespucci
Francisco de Asís Fernández

36
Es polvo, es sombra, es nada
Mía Gallegos

37
Luminiscencia
Sebastián Miranda Brenes

38
Un animal el viento
William Velásquez

39
Historias del cielo / Heaven Stories
María Rosa Lojo

40
Pájaro mudo
Gustavo Arroyo

41
Conversación con Dylan Thomas
Waldo Leyva

42
Ciudad Gótica
Sean Salas

43
Salvo la sombra
Sofía Castillón

44
Prometeo encadenado / Prometheus Bound
Miguel Falquez Certain

45
Fosario
Carlos Villalobos

46
Theresia
Odeth Osorio Orduña

47
El cielo de la granja de sueños / Heaven's Garden of Dreams
Francisco de Asís Fernández

Colección
SOBREVIVO
Poesía social
(Homenaje a Claribel Alegría)

1
#@nicaragüita
María Palitachi

2
Cartas desde América
Ángel García Núñez

3
La edad oscura / As Seen by Night
Violeta Orozco

4
Guerra muda
Eduardo Fonseca

Colección
TRÁNSITO DE FUEGO
Poesía centroamericana y mexicana
(Homenaje a Eunice Odio)

1
41 meses en pausa
Rebeca Bolaños Cubillo

2
La infancia es una película de culto
Dennis Ávila

3
Luces
Marianela Tortós Albán

4
La voz que duerme entre las piedras
Luis Esteban Rodríguez Romero

5
Solo
César Angulo Navarro

6
Échele miel
Cristopher Montero Corrales

7
La quinta esquina del cuadrilátero
Paola Valverde

8
Profecía de los trenes y los almendros muertos
Marco Aguilar

9
El diablo vuelve a casa
Randall Roque

10
Intimidades / Intimacies
Odeth Osorio Orduña

11
Sinfonía del ayer
Carlos Enrique Rivera Chacón

12
Tiro de gracia / Coup de Grace
Ulises Córdova

13
Al olvido llama el puerto
Arnoldo Quirós Salazar

14
Vuelo unitario
Carlos Vázquez Segura

15
Helechos en los poros
Carolina Campos

16
Cuando llueve sobre el hormiguero
Alelí Prada

Colección
VÍSPERA DEL SUEÑO
Poesía de migrantes en EE.UU.
(Homenaje a Aida Cartagena Portalatín)

1
Después de la lluvia / After the rain
Yrene Santos

2
Lejano cuerpo
Franky De Varona

3
Silencio diario
Rafael Toni Badía

4
La eternidad del instante / The Eternity of the Instant
Nikelma Nina

Colección
MUNDO DEL REVÉS
Poesía infantil
(Homenaje a María Elena Walsh)

1
Amor completo como un esqueleto
Minor Arias Uva

2
La joven ombú
Marisa Russo

Colección
LABIOS EN LLAMAS
Poesía emergente
(Homenaje a Lydia Dávila)

1
Fiesta equivocada
Lucía Carvalho

2
Entropías
Byron Ramírez Agüero

3
Reposo entre agujas
Daniel Araya Tortós

Colección
MEMORIA DE LA FIEBRE
Poesía feminista
(Homenaje a Carilda Oliver Labra)

1
Bitácora de mujeres extrañas
Esther M. García

2
Una jacaranda en medio del patio
Zel Cabrera

3
Erótica maldita / Cursed Erotica
María Bonilla

4
Afrodita anochecida
Arabella Salaverry

5
Zurda
Nidia Marina González Vásquez

Colección
VEINTE SURCOS
Antologías colectivas
(Homenaje a Julia de Burgos)

Antología 2020 / Anthology 2020
Ocho poetas hispanounidenses / Eight Hispanic American Poets
Luis Alberto Ambroggio
Compilador

Colección
PROYECTO VOCES
Antologías colectivas

María Farazdel (Palitachi)
Compiladora

Voces del café

Voces de caramelo / Cotton Candy Voices

Voces de América Latina I

Voces de América Latina II

Para los que piensan, como Waldo Leyva, que "la palabra ha llegado al extremo de la perfeción", este libro se terminó de imprimir en abril de 2022 en los Estados Unidos de América.

www.ingramcontent.com/pod-product-compliance
Lightning Source LLC
Chambersburg PA
CBHW030119170426
43198CB00009B/669